やり方がちがう人を取り残さない

東洋大学人間科学総合研究所客員研究員　川内美彦（かわうちよしひこ）

　本を読むときに、多くの人は、文字を目で読みます。では、目の見えない人は、本が読めないのでしょうか。いえいえ。目の見えない人は、点字や、パソコンでの音声による読み上げなどで、本を読んでいます。

　人と話をするとき、多くの人は、相手の声を聞きながら話をします。では、耳の聞こえない人は、人と話ができないのでしょうか。いえいえ。耳の聞こえない人は、手話や筆談などで、人と話をしています。

　高いところのものを取るとき、多くの人は、背をのばして取ります。では、立ち上がることができない人は、高いところのものが取れないのでしょうか。いえいえ。立ち上がることができない人は、周りの人にお手伝いをたのんだりして、高いところのものを取っています。

　見えない、聞こえない、立ち上がれない人たちは、できない人だと思われていますが、そうではなくて、ほかの人たちとはやり方がちがうのです。でも社会は、やり方がちがう人がいることを、あまり考えてきていませんでした。なので、やり方がちがう人には、できないことがたくさん生まれてしまっています。

　この本には、そのやり方がちがう人たちができるようになれる工夫が、たくさん載っています。いま世界は、「だれひとり取り残さない」（Leave No One Behind）という目標をかかげています。これからは、ほかの人とやり方がちがっていても、その人たちなりのやり方で、いろいろなことができるような社会になっていってほしいものです。そして、それぞれの人がそれぞれのやり方でできることがあたりまえの社会になってほしいものです。

　そうした社会にするにはどうしたらよいか、そして町にはどんな工夫をしていくとよいか、みなさんもぜひ、考えてみてください。そして、考えつづけてください。

みんなが過ごしやすい
町のバリアフリー
1

監修 川内美彦（東洋大学人間科学総合研究所客員研究員）

町を歩く工夫

小峰書店

「みんな」ってどんな人？

　この本のタイトルは『みんなが過ごしやすい町のバリアフリー』です。ところで「みんな」とは、だれのことでしょうか？

　町には、お年よりや小さい子ども、目や耳などに障害のある人、けがをした人、日本語がわからない外国人など、さまざまな人がいます。そのひとりひとり、すべての人たちができるだけバリア（かべ）を感じずに過ごせるように、町の図書館、病院などの建物や乗り物、道路の設備にはいろいろな工夫があります。

　1巻では「町を歩く工夫」を紹介します。町を歩いて、身近なところにはどんな工夫があるかを調べてみましょう。そして、みんなが過ごしやすい町になるために、自分にはどんなことができるか、考えてみましょう。

もくじ

この本の使い方

この本では、バリアフリーのための設備とその工夫について、3つのステップで紹介しています。

①

Q どんな場所にあるの?

Q＆Aの形式で、紹介している町の工夫が、どのような場所でよく見られるかを説明しています。町を歩いて調べるときの参考にしましょう。

調べてみよう!

紹介している町の工夫について、身近な場所を調べるときのヒントです。

②

Q なぜ、つくられたの?

Q＆Aの形式で、この設備がなぜ考えられたのか、なぜつくられたのかを説明します。どんな人にとって便利なのかも説明します。

使いやすくするための工夫

設備にどのような工夫がされているのか、図や写真とともに紹介します。

インタビューコーナー

紹介している設備と関わりの深い、当事者のみなさんの声をQ＆Aの形式で紹介します。

③

くわしく知ろう!

紹介した町の工夫について、くわしく解説するページです。誕生したときのことや今にいたるまでの歴史を紹介したり、国内での広まりや世界への発展のようすを紹介したりしています。

コラム

紹介した町の工夫について、少しちがった視点から考えます。

図版（年表、グラフなど）

年表やグラフで、その設備に関するバリアフリーの歴史などをよりくわしく学びます。

考えてみよう!

みんなの毎日のくらしと町のバリアフリーの関係について、みんなで考えていきたいことを提案します。

みんなが過ごしやすい町になるためのバリアフリーの工夫について、調べて報告文を書いてみましょう。ここでは、駅のエレベーターについて調べた報告文を紹介します。

この本で調べた報告文の例

みんなに便利な駅のエレベーター

5年1組　青木京子

1.調べたきっかけ

おばあちゃんといっしょに出かけたとき、おばあちゃんはひざがいたいと言って、駅でエレベーターをさがして乗った。駅のエレベーターが、ほかにどんな人の役に立っているのかを知りたくなったので、調べることにした。

2.調べ方

大きく分けて、二つの方法で調べた。一つ目は、実際に駅に行って、エレベーターがどんな場所にあるかを確かめた。二つ目は、本を読んで、駅のエレベーターがいつからあるのかなども調べた。

3.調べて分かったこと

私の家からいちばん近い○○駅を調べたら、駅の入り口の、階だんとエスカレーターから少しはなれたところにエレベーターがあった。「みんなが過ごしやすい町のバリアフリー」には、駅のエレベーターがあるのは「地上と改札口、改札口とホームをつなぐ場所」と書いてあった。そして、エレベーターは車いすを使う人やベビーカーをおす人にとって必要な設備で、「そのほかにも、お年よりやけがをしている人など、エレベーターを必要としているさまざまな人がおり、外見ではわからない人もいます。」と書いてあった。

駅にエレベーターができたのは、1980（昭和55）年、大阪市営地下鉄谷町線の喜連瓜破駅にできたのが最初だったそうだ。

駅のバリアフリーのうつりかわり年表

西暦	できごと
1925	駅に初めてエスカレーターができる
1980	駅に初めてエレベーターができる
1991	国が、新しい駅や大きな駅にエスカレーターを設置する考えをしめす
1993	国が、駅にエレベーターを設置する考えをしめす
2000	交通バリアフリー法ができる
2011	バリアフリー整備の基本方針が1日に5000人以上利用する駅から3000人以上の駅に改正される
2021	エレベーターなどの設置率が95.1%となる（1日に3000人以上が利用する駅）

4.まとめ

みんなが駅を利用できるように、階段とエレベーター、エスカレーターの三つをつくってあることがわかった。車いすを使う人やベビーカーをおす人はエレベーターしか使えないから、必要な人がエレベーターをいつでも使えるように、こんでいるときは階段やエスカレーターを使おうと思った。

参考　「みんなが過ごしやすい町のバリアフリー」小峰書店　（2022年）

左側の吹き出し（注釈）

- 15ページの「どんな場所にあるの?」から、文章を引用しているよ。
- 16ページの「なぜ、つくられたの?」から、文章を引用しているよ。
- 18ページ「駅のバリアフリーの始まり」を読んで、わかったことを書いているよ。
- 18ページから、年表を引用しているよ。

コツの②〜⑤は
2巻〜5巻を見てね!

「調べたきっかけ」をかならず書こう

左のページの報告文の例では、ひざがいたむおばあちゃんと駅を利用したときのことが「調べたきっかけ」に書かれていました。なぜこの工夫について調べようと思ったのか、はっきりした理由を書くと、読む人はぐっとひきつけられ、興味をもって読むことができます。また、文章全体が読みやすくなります。なぜこのことについて調べようと思ったのか、よく思い返して文にしましょう。

学校の校舎に新しいスロープができた。だれが使うのかな?

Aさんの
「スロープと手すり」
を調べようと思ったきっかけ

駅前の道路がきれいになったら、黄色い点字ブロックも目立っていた。点字ブロックって、何のためにあるのかな?

Bくんの
「点字ブロック」
を調べようと思ったきっかけ

家の近くの交差点で、ときどき「ピヨピヨ」って音がしている。何のためだろう?

ピヨ ピヨ

Cさんの
「音響装置付信号機」
を調べようと思ったきっかけ

ポイント

「いつから?」「何のために?」「なぜ?」「どのように?」「どこに?」「だれが?」など、疑問に思ったことを、「調べたきっかけ」に書きいれましょう。

公園の階段は、ほかの階段より一段が低いみたい。どうしてだろう?

Dくんの
「階段と手すり」
を調べようと思ったきっかけ

駅のエレベーターにとびらが2つあったよ。どうして2つあるのかな?

Eさんの
「駅のエレベーター」
を調べようと思ったきっかけ

「きっかけ」を書くことは、ほかの作文でも大切!

作文を書くときには、書こうと思ったきっかけ（動機）がかならずあるはずです。「このことについて書こう」と思った理由を最初に書くと、つぎの文を書きだしやすくなります。自由研究や読書感想文を書くときにも、「きっかけ」を最初に書きましょう。

磁石って、どうしてよくつくところとつきにくいところがあるのかな?これを自由研究にしよう!

視覚に障害のある
中山利恵子さん

中山さんは、生まれたときから目が見えません。お出かけのときはどんなようすでしょうか?

私は、東京都の亀戸という下町で生まれ育ちました。地域のたくさんの大好きな人たちにかこまれて子育てをし、娘は今大学生です。地元のことならだいたい知っています。ある店が別の店に変わったとしても、頭の中の地図を書きかえるので情報はいつでも最新です。ただ、コンビニエンスストアが別のコンビニエンスストアに変わっても、店から聞こえる音がほとんど同じなので、気づきにくいです。

> 私はいつもいそがしくしていて、毎日出かけます。

1 駅前を歩く

> この道を歩くのはひさしぶり。

近くにある横断歩道の視覚障害者用押ボタンを、はなれたところからONにできる装置です。装置で信号の音を鳴らしてからわたります。

横断歩道のエスコートゾーンが車のタイヤですりへって、足のうらで出っぱりがほとんど感じられません。

装置を持っていないときは、視覚障害者用押ボタンの場所をさがして、ボタンをおします。

交番に立ちよって、エスコートゾーンが使いづらくなっていることを伝えました。

> おまわりさん、ちょっとお話が…。

2 友だちの店へ

こんにちは、来たよ〜。

あ、バイクがある。気をつけて…（カメラマン）

商店街の洋服店に来ました。お店の人とは昔からのなかよしです。お店の場所はよくわかっていて、ならびの店もすべて記憶しています。でも、店の前に停めてあるバイクには気づきませんでした。

色はからし色。にあうわよ!

気にいった、これください!

服の色は、お店の人に聞いて教えてもらいます。

今日はどんな服があるかな?

あら、利恵子ちゃんいらっしゃい。

3 電車に乗る

改札で鳴っている「ピン・ポーン」の音もたよりに進みます。

地下鉄に乗って、仕事へ向かいます。

ホーム柵のある駅だと安心です。できるかぎり、ホーム柵のある駅を使います。

どんな生徒たちに会えるか、楽しみだな!

駅では階段もエスカレーターも使います。今日は小学校でバリアフリーの先生をします。中山さんの授業はおもしろいので、たくさんの学校からひっぱりだこです。

ホーム柵にある点字を読むと、今ホームのどの位置にいるのかがわかります。

スロープと手すり

階段や段差のとなりにつくられているなだらかな坂道を、スロープといいます。何のためのものでしょうか？手すりの役割といっしょに、見てみましょう。

小学校の玄関にあるスロープと手すり。学校の建物は子どもたちだけでなく、地域の人たちも講演会の会場や選挙の投票所、予防接種会場などとして利用する。災害時には避難所にもなるため、だれもが利用できることがもとめられる施設だ。

A さまざまな人が利用する場所で、段差のあるところ

　多くの人が行き交う町には、コンクリートでつくられた建物や舗装された道路がたくさんあります。このような町には、階段や段差がいたるところに見られます。スロープは多くの場合、階段や段差のある場所につくってあります。

　階段やスロープには、手すりがつけられています。

階段の真ん中につけられている手すり。左側を歩く人は右手で、右側を歩く人は左手で手すりにつかまることができる。

地下鉄の駅構内にある、階段とスロープ。手すりは、だれもが使いやすいように、階段とスロープそれぞれの左右両側につけてある。

調べてみよう！ きみの身近な場所では、どんなところにあるかな？

Q なぜ、つくられたの?

A みんなが、町を行き来できるように

階段の上り下りや段差をこえることがむずかしい人は、道にそれらのバリアがあると、その先へ進むことができません。散歩や買い物にもこまります。みんなが自由に町を行き来できるように、スロープや手すりがつくられています。

スロープがあれば、車いすを使う人やベビーカーをおす人が、階段や段差の先へ移動することができます。スロープはスーツケースなどキャスターのついたかばんを持つ人や、宅配便など台車に荷物を乗せて運ぶ人などにも便利です。

手すりは、つまずいて転びやすいお年よりや小さな子ども、目の不自由な人、けがをしている人などがつかまって安全に歩くことができるように、つけられています。

聞いてみよう!

おうちの人に、スロープや手すりがどんなときに便利だと思うか、聞いてみよう。

使いやすくするための工夫

スロープ

工夫① 車いすを使う人などが安全に行き来できるよう、坂道のかたむきをゆるやかにしてあります。1mの高さに対して12m以上の長さが基準です。

工夫② 移動の途中で休むことができるように、長いスロープには、途中に1.5m以上の長さのおどり場をつくってあります。

工夫③ スロープの表面は、簡単にすべらないように加工がしてあります。

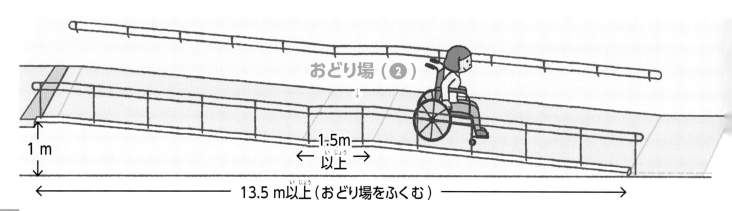

おどり場（②）

1m

1.5m以上

13.5m以上（おどり場をふくむ）

手すり

工夫❶ つかまる人が安心して進むことができるよう、途中でとぎれることなく、最後までつながっています。

工夫❷ どんな人でも楽につかまることができるように、高さが計算されています。

工夫❸ 使う人は、手をすべらせながら使うことが多いので、支えの部分はじゃまにならない位置にあります。

工夫❹ 手すりの端は服のそでぐちに引っかからないよう、下向きにしてあります。

考えてみよう!

2種類の高さの手すりがあるね。低いほうの手すりは、どんな人たちにとって使いやすいかな?

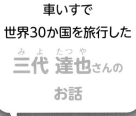

車いすで
世界30か国を旅行した
三代 達也さんの
お話

Q 日本のスロープを外国とくらべると、どのように感じますか?

A 使いやすいほうだと思います。

　日本にはバリアフリーの法律があるので、ほかの国とくらべるときちんと整備されて、使いやすいです。国によっては、本当にこの短くて急なスロープを車いす用につくっているのかなと思うこともあります。ただし、日本では、法律通りにスロープがつくってあれば、それでよいとされている感じも受けます。たとえば、スロープのおどり場に看板がおいてあったり、上りきったところに自転車置き場をつくってあったりしますが、使う人のことを考えていたら、そこにはおかないはずです。スペースがかぎられてせまいながらも、どうしたらだれもが使いやすくなるかを考えることが、大切だと思います。

車いす用スロープの歴史

きっかけは1964年の東京パラリンピック

約60年前までの日本では、町の中で障害のある人が移動しやすいかどうかは考えられておらず、車いすを使う人が外出できる機会はほとんどありませんでした。

1964（昭和39）年に東京でパラリンピックが開かれましたが、選手が寝泊まりする宿舎や食堂、競技場への道など多くの所に段差があり、車いすの選手は移動ができませんでした。そこで、地域の人や自衛隊員がスロープを手づくりしたのです。

地域の人や自衛隊員が大急ぎでつくったスロープを使う、パラリンピックの選手たち。色も材料もばらばらだったが、このおかげで、世界各国からやってきた選手たちは競技に参加できた。

町にスロープを！

車いすでパラリンピックの6競技に参加した近藤秀夫さんは、手づくりのスロープに感動しました。「これがあれば、どこへでも行くことができる」と思ったのです。近藤さんが町にスロープをつくろうとうったえると、協力してくれる仲間ができ、多くのスロープができていきました。

当時、全国に先がけてバリアフリーの町づくりをしていた東京都町田市で、近藤さんはスロープづくりに取り組みました。

町田市の職員となり、駅前のスロープやエレベーター設置に取り組んだ近藤秀夫さん。日本初の「車いすの公務員」とよばれた。

日本と町田市のバリアフリー年表

西暦	できごと
1964	東京パラリンピック開催
1971	道路交通法の改正で車いす使用者を「歩行者」と定める
1974	町田市が車いすが通行しやすい町づくりの方針を発表（全国初）。車いす使用者の近藤秀夫さんを市職員として採用
1977	「車いす町田マップ」ができる

西暦	できごと
1979	「町田市内点字地図」ができる
1981	ＪＲ町田駅に身体障害者用エレベーターができる
1994	ハートビル法ができる
2000	交通バリアフリー法ができる
2006	バリアフリー法ができる
2021	改正バリアフリー法ができる（公立小学校なども対象となる）

車いすでスポーツ観戦や観劇をする

　1994（平成6）年に「ハートビル法」ができ、建物の階段や段差にはスロープと手すりをつけることが決められました。2000年には「交通バリアフリー法」ができ、車いすを使う人が電車やバスを利用しやすくなりました。

　2006年には2つの法律が統合されて「バリアフリー法」となりました。これによって、障害者にかぎらず、小さな子どもからお年よりまで、すべての人が過ごしやすい町になるよう、道路や駐車場、公園などにもスロープと手すりがつくられました。

　そして2020（令和2）年の東京オリンピック・パラリンピックに向けて、すべての人がスポーツ観戦や観劇を楽しめるよう、競技場や劇場などでもバリアフリーの整備が進められました。

札幌ドームの車いす席。交通機関でも競技場でもスロープが用意してあるので、ほとんどの場合自宅からとぎれなく車いすに乗ったまま移動できる。

知っているかな？

災害時にも役立つ大型スロープ

　広島市にある野球場、マツダスタジアムには、広島駅と球場をつなぐ長さ200mの大型スロープがあります。幅が10mもあるので、災害が起こったときにも、大勢の人が安全に避難することができます。車いすを使う人やベビーカーをおす人も気がねなく通行できるため、バリアフリー設備としても注目されています。

長いスロープをまっすぐ進めば、そのままスタジアムの2階に行くことができる。

きみの町には、大きなスロープはあるかな？

スロープや手すりが整っていても、外出をためらう人もいるよ。それはなぜだろう？

考えてみよう！

駅のエレベーター

多くの人が利用する駅には、いろいろなバリアフリーの工夫が見られます。上下の移動を助けるためのエレベーターについて、見てみましょう。

東急電鉄東横線の学芸大学駅。入り口にエレベーター、階段、エスカレーターがならんでいる。3つの設備をならべてある駅では、乗客は自分がどの方法を使うべきか考え、またその時どきの混みぐあいを見て、使いやすいものをえらぶことができる。このように性質のちがう3つの設備が同じ場所にそろう駅が、少しずつふえている。

Q どんな場所にあるの?

A 地上と改札口、改札口とホームをつなぐ場所

改札口やホームが地上2階や3階にある駅や、地下鉄の駅などでは、電車に乗りたい人は上下の階に移動しなければなりません。上下に移動するための設備として、階段やエスカレーターのほか、エレベーターが取りつけられています。

エレベーターは町のさまざまな場所にありますが、上下の移動が必要な都市部の駅では、多くの場合、設置されています。

駅のホームにも改札口とをつなぐエレベーターがある。

考えてみよう!

きみがエレベーターに乗ろうと待っていたら、ベビーカーをおす人が後ろから来たよ。こんなとき、きみならどうする?

段差を見分けやすいよう、赤と黄色の印がある駅の階段。階段も大切な上下移動のための設備だ。

調べてみよう!　きみの町では、エレベーターはどんなところにあるかな?

Q なぜ、つくられたの？

A 階段を上り下りできない人も みんなが駅を利用できるように

駅に階段しかなかったら、階段を使えない人は電車に乗ることができません。エスカレーターがあっても、安全に利用することに不安を感じる人もいます。駅を利用したい人みんなが、自分に合った方法をえらんで安心して移動できるように、エレベーターもつくられました。

エレベーターは、車いすを使う人やベビーカーをおす人にとって必要な設備です。階段やエスカレーターでは、安全に移動できないからです。

そのほかにも、お年よりやけがをしている人など、エレベーターを必要としているさまざまな人がおり、外見ではわからない人もいます。

> **考えてみよう！**
>
> 「外見ではわからないけれどエレベーターを必要としている人」には、どんな人がいるかな？

ぼくは エレベーターしか 使えないんだ。

私は、自分で足元をたしかめられるほうが安心だわ。

エスカレーターは便利だな！

考えてみよう！

3つの方法からえらべることが、なぜ大切なのかな？

杖をついて 歩いている
常松 政充 さんのお話

Q 上下の移動にはどの設備 が使いやすいですか？

A エレベーターです。

エスカレーターは待たずにすぐ乗れるので便利です。ただ、動いている段から動かない地面に降りるとき、つんのめって転びそうになるのでこわいです。右側を急いで歩く人の足が杖にひっかかることもあります。だから私はエレベーターのほうが安心です。

使いやすくするための工夫

エレベーターの外側

工夫❶ 押ボタンは、車いすにすわったままおせるよう、低い位置にあります。

工夫❷ 入り口の幅は広く、段差もありません。車いすやベビーカーが通りやすくしてあります。

工夫❸ 入り口には優先マークがはってあり、車いすを使う人やお年よりなど、優先して乗ることができる人をしめしています。ただし、このマークの人たち以外にも、優先される人はいます。

エレベーターの中

工夫❶ 車いすにすわったまま操作できる位置に、操作パネルがあります。とびらがふたつある場合は、右手でも左手でも、またどちらのとびらから乗っても操作できるように、左右にあります。

工夫❷ 操作パネルのすぐ下には、お年よりなどがつかまることのできる手すりがあります。

工夫❸ スピーカーから、満員時や非常時にアナウンスの音声が流れます。

工夫❹ 車いすにすわりながら後ろを見ることができるよう、ドアの上にバックミラーがあります。

工夫❺ ドアやかべには大きな透明の窓があります。非常停止時に、外のようすを知ることができます。

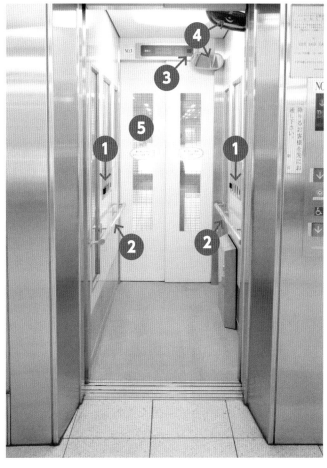

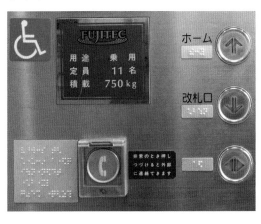

エレベーター内の操作パネル。目の不自由な人のために、とびらの閉じ開きボタンや上昇ボタンと下降ボタン、非常よび出しボタンの左側または上側に、それぞれ点字がつけられている。

駅などに見られるふたつの方向に出入り口のあるエレベーターは、車いす使用者が向きを変えずに乗り降りできるので便利だ。どちらの方向から乗っても便利なように、操作パネルや手すり、バックミラーがふたつずつある。

駅のエレベーターの歴史

写真協力：小金井市・小金井市観光まちおこし協会

駅にエレベーターがない時代

日本の鉄道の駅は、最初はほとんどが1階建てでしたが、ホームの数が多くなると、2階建ての駅がつくられていきました。1890（明治23）年に日本初の電動式エレベーターが登場しましたが、駅に設置されるのはまだまだ先のことでした。駅を利用できるのは、階段を上り下りできる人にかぎられていたのです。

1964年ごろの東小金井駅（東京都）。当時はエレベーターもエスカレーターもなく、乗客は長い階段を上り下りするしかなかった。

駅のバリアフリーの始まり

1980（昭和55）年、大阪市営地下鉄（今のOsaka Metro）谷町線の喜連瓜破駅にエレベーターが設置されました。大阪の車いす使用者が集まって「誰でも乗れる地下鉄をつくる会」をつくり、活動した結果でした。翌年には東京の国鉄（今のJR）町田駅にエレベーターが設置され、全国の大きな駅で、少しずつ設置されていきました。

一方、エスカレーターは1925（大正14）年、大阪の新京阪天神橋駅（今の阪急電鉄とOsaka Metroの天神橋筋六丁目駅）に登場。駅のバリアフリーは、エスカレーターやエレベーター、車いすにすわったまま階段を移動できる斜行型階段昇降機を設置することによって進みました。

斜行型階段昇降機。車いすにすわったまま、安全に階段を移動できる。

喜連瓜破駅に設置されていたエレベーター（右奥）。当時から、操作パネルに点字をつけるなどバリアフリーの工夫をこらしてあった。このエレベーターは、2018年に新しくなっている。

駅のバリアフリーのうつりかわり年表

西暦	できごと
1925 ▶	駅に初めてエスカレーターができる
1980 ▶	駅に初めてエレベーターができる
1991 ▶	国が、新しい駅や大きな駅にエスカレーターを設置する考えをしめす
1993 ▶	国が、駅にエレベーターを設置する考えをしめす
2000 ▶	交通バリアフリー法ができる
2011 ▶	バリアフリー整備の基本方針が1日に5000人以上利用する駅から3000人以上の駅に改正される
2021（3月末） ▶	エレベーターなどの設置率が95.1％となる（1日に3000人以上が利用する駅）

もっと便利な駅をめざして

　2000（平成12）年には「交通バリアフリー法」ができ、全国で駅を新しくつくったり、大規模な改良を行うときにはエレベーターをつけなければならないと決められました。

　そして2021（令和3）年、1日に3000人以上が利用する全国の駅のうち、95.1％の駅でエレベーターやエスカレーター、階段昇降機が取りつけられています。

　さまざまな事情をかかえた乗客が、鉄道間や鉄道からバスへの乗り換えが便利にできるよう、整備が進められました。日本の都市部では、交通のバリアフリーは世界の中でも整備が進んでいます。

2020年に新しくなった東京都のJR原宿駅には、3つの24人乗りの大型エレベーターが設置された。大きなスーツケースを持った旅行者などにも便利な駅となっている。

知っているかな？

エレベーターに優先マークがはってあることが多いのは、なぜ？

　上下移動のために、エレベーターとエスカレーター、階段の3つの方法があります。人によって使いやすい設備はちがいますが、車いすを使っている人やベビーカーをおす人など、エレベーターしか使えない人がいます。必要な人が待たずに使えるように、ほかの方法をえらべる人へ、優先マークで「ゆずりましょう」とうながしています。

エレベーターでなくてはならない理由は人それぞれ

　体の内部に障害がある人や、その日、体の調子が悪いという人もいます。外から見て、この人はエレベーターが必要ないと決めることはできません。その場で、自分が今えらぶべきなのはどの方法かを考えて、便利な設備をみんなで使いましょう。

考えてみよう！ みんなのための設備をみんなが気持ちよく使うには、どんなことが大切かな？

エレベーターに優先して乗ってもらえる人をマークでしめしている。

きみの身近な場所では、3つの移動の方法からえらべるところはあるかな？

調べてみよう！

自動ドア

町には、たくさんの自動ドアがあります。自動ドアは、だれにとって、どんなふうに便利なのでしょうか？

自動ドアがつけられたスーパーの出入り口。近づくと自動で開閉されるドアは、みんなにとって便利だ。買い物袋を両手に持ったお客さんも、手を使わずに店に出入りできる。

正面

Q どんな場所にあるの？

A たくさんの人が出入りする建物

　自動ドアは、町のいろいろな場所で見ることができます。建物の出入り口や、建物の中の部屋への出入り口などに設置してあります。店やホテル、病院、銀行、役所や図書館、スポーツセンターなど、たくさんの人が出入りをする建物にはほとんどの場合つけられています。たとえば大型の商業施設などでは、ひとつの建物だけで数十もの自動ドアがあります。2021（令和3）年現在、国内で200万台以上の自動ドアが使われています。

図書館の出入り口。役所や病院など、おもな公共施設の出入り口にも自動ドアがある。

車いすに乗って介護施設の建物に入るところ。とびらが自動ドアになっているので、車いすをおす人も楽に出入りできる。

調べてみよう！　きみの身近な場所では、どんなところにあるかな？

Q なぜ、つくられたの？

A 手を使わずにとびらを開けることができるように

　自動ドアは、1950年代のアメリカで使われるようになりました。アメリカではいちどに大量の買い物をする人が多く、山もりのカートを運ぶときに、手を使わずにとびらを開けられる自動ドアが便利だったため、スーパーで広まりました。その後、日本にも入ってきました。

　今、自動ドアは私たちの生活になくてはならないものになっています。車いすに乗っている人や、ベビーカーをおす人にとっては、大きくて重いとびらを手で引いて閉じ開きするのは大変なことです。荷物をかかえるなどして両手がふさがっている人や、力の弱いお年より、小さな子どもなどにも、安全な通行のために自動ドアが必要です。

今日は、たくさん買ったなあ！

走らないで、いっしょに通るのよ。

自動で開くと助かるな！

ナブテスコ株式会社
森 洋子さんの
お話

Q 自動ドアのある小学校がふえているのはなぜですか？

A 多くの人が使う、公共性の高い建物だから。

　私たちの会社では、毎年多くの自動ドアを製造し、販売しています。2021年4月に改正バリアフリー法ができ、バリアフリーの設備が必要とされる建物に、公立の小中学校が追加されました。学校は、選挙の投票や予防接種の会場、災害時には避難所になるなど、いろいろな目的で地域のみなさんが使う場所です。だれでも便利に、楽に出入りができるよう、学校の入り口やバリアフリートイレへの自動ドアの設置がふえていくでしょう。

使いやすくするための工夫

自動ドア（建物の入り口）

工夫❶ 上部にセンサーがあります。通る人を感知して、ドアを自動で開閉します。

工夫❷ 目の不自由な人に、この先に注意するものがあることを知らせるため、警告ブロック（→ 30 ページ）があります。

工夫❸ 全面ガラスは見えにくく、ぶつかる危険があるため、通る人が見やすい位置にステッカーをはって、注意をうながします。

工夫❹ 開くと戸が重なる戸袋に、手指が引きこまれないよう注意するステッカーがはられています。

自動ドアにはってある、注意をうながすステッカー。

トイレの自動ドア（公共トイレ）

バリアフリーの公共トイレに自動ドアが見られます。利用者はボタンをおしてとびらを開閉します。

工夫❶ これまでは緑と赤の開閉ボタンがよく見られましたが、白と黒のデザインにしてあります。色覚障害※の人が見分けやすい色です。

工夫❷ 使用中は外にある押ボタンの真ん中が文字で「使用中」と光り、外からは開きません。開けようとすると「使用中です」と音声が流れます。

工夫❸ トイレ内の天井には照明がついていて、とびらを開くと自動で点灯します。

工夫❹ 「使用中です」「中の閉じるボタンをおしてください」などを、日本語、英語、中国語、韓国語の音声で伝えます。

※色覚障害‥色の見え方が多くの人とちがう障害のこと。赤と緑の区別がつきにくい人が多い。

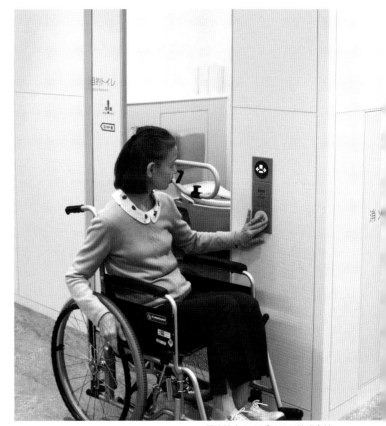

写真協力：ナブテスコ株式会社

左がこれまでよく見られた開閉ボタン。右のデザインでは、使用中のときは「使用中」と白い文字が光る（❷）。

自動ドアの歴史

1964年の東京オリンピックをきっかけに町に広まる

　日本では1950年代に、銀行や病院の正面玄関で自動ドアが使われ始めました。このころはまだ、自動ドアは特別でめずらしいものでした。

　1964（昭和39）年に開かれた東京オリンピックをきっかけに、新しい町づくりが進み、デパートなどでも広く自動ドアが使われるようになりました。建物内の冷暖房システムも発達し、室内の空気をにがさないためにも自動ドアが役立ちました。開き方も、開き戸や引き戸、折り戸、回転ドアなど、いろいろな種類のものが生まれました。

1956年ごろに登場した銀行の自動ドア。今の自動ドアに多い左右に動かす引き戸ではなく、前後に開閉する開き戸になっていた。現在、日本の自動ドアはほとんどが引き戸だ。

写真協力：ナブテスコ株式会社

写真協力：日本自動ドア株式会社

センサー方式で、車いす使用者が使いやすくなった

　最初は、自動ドアの前にゴムマットがしかれ、下の機械が人の重さを感じることで、ドアを開閉する仕組みでした。1970年ごろから、上部に設置されたセンサーが人の動きを感知してドアを開閉する仕組みに変わりました。ゴムマット方式では車いすが感知されないことがありましたが、センサー方式になって、車いすを使う人は自動ドアをさらに便利に使えるようになりました。

ドアの上部にあるセンサーが、通る人を感知する。

新技術でさらに便利に

　人が自動ドアの前を横切っただけでドアが開いてしまうと、必要のない電力を使うことにもなり、環境によくありません。そこで、自動ドアに向かってくる人をセンサーで識別して、必要なときだけドアを開けるシステムが開発されました。

　また、自動ドアには、ボタンにふれてドアを開けるタッチスイッチ式のものも多いですが、今はボタンにさわらなくてもいいように、「手をかざす」などと書かれたセンサー式のものが登場しています。感染症予防の観点からも便利です。

手の甲をかざして感知する仕組みのドア。「手をかざす」と書いてある。

写真協力：オプテックス株式会社

閉じ開きを人の動きで判断する自動ドア

閉じたまま

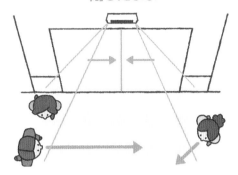

人が前を横切るだけでは開かない仕組みの自動ドア。室内の冷暖房の冷気や熱もむだに外に出ない。

開く

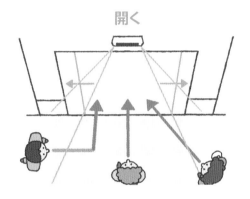

自動ドアに向かってくる人をセンサーが感知すると、ドアが開く仕組みになっている。

資料提供：
ナブテスコ株式会社

知っているかな？

自動ドアでけがをしないために

　安全につくられている自動ドアでも、事故は起こります。自動ドアにぶつかる、はさまれる、戸袋に手指をひきこまれる、という3つの起こりやすい事故のうち、子どもに多いのは手指をひきこまれる事故です。これをふせぐために、自動ドアのまわりで遊んだり、ガラスの部分に手をついたりしないようにしましょう。また、自動ドアに向かって急に走ってはいけません。落ち着いて通行しましょう。

きみは、どんな場所に自動ドアがあるともっと便利になると思う？

考えてみよう！

車いすってどんなもの？

車いすは、車輪がついているいすで、すわって移動ができるものです。障害があり歩けない人や、足腰が弱くなったお年より、病気や事故などで歩けなくなった人などが移動のために使います。使う人に合わせて、さまざまな種類があります。

自走用車いす

タイヤの外側についているハンドリムという輪を、手でこぐことで進みます。後ろから、介助者におしてもらうこともできます。多くの病院や介護施設、住宅で使われています。

手押しハンドルと介助ブレーキ
車いすをおす人が持つ（自走用の中にはブレーキがないものもある）。

ハンドリム
すわる人が手で回して車いすを動かす。

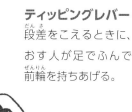

ティッピングレバー
段差をこえるときに、おす人が足でふんで前輪を持ちあげる。

おりたたみ機能
おりたたむことができるので、車に乗せても場所をとらない（おりためない種類もある）。

背もたれ
（バックサポート）

後輪

キャスター
（前輪）

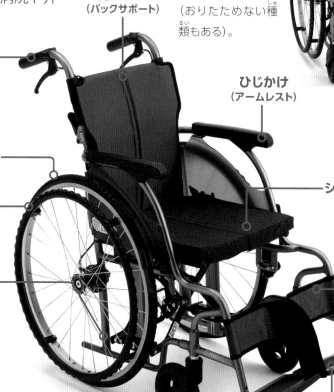

ひじかけ
（アームレスト）

シート

レッグサポート
（足ベルト）

フットサポート
（足のせ）

介助用車いす

車いすをおしてもらう必要がある人が、使います。自走用車いすにくらべて後輪が小さく、ハンドリムがついていない分、幅がせまいので、室内でも使いやすいです。自走用と同じく、おりたたみができます。

電動車いす

電気の力で進む車いすです。手元のレバーや、コントローラー、ハンドルを動かすことで、車いすで好きな方向へ進みます。乗っている人は歩行者のあつかいなので、車道ではなく歩道を進みます。

電動車いす WHILL。手をおく場所（アームサポート）にパソコンのマウスのような形のコントローラーがついている。これをかたむけると、前に進む、後ろに下がるなどの操作ができる。

ハンドル型の電動車いす。買い物などに利用するお年よりが多い。2018 年、ほかの車いすと同じように新幹線などの特急列車にも乗ることができるようになった。

競技用車いす

スポーツをするための車いすです。スピードを重視した競走用のものと、テニスやバスケットボールなど、コートの中を自由に動き回ることができるものがあります。

レーサーとよばれる競走用の車いす。ハンドリムを手でこいで進む。スピードが出るように、低い姿勢で乗る。

車いすテニス用。乗ったまま、くるくると自由に動くようにできている。

歩道と車道に段差があるわけ

歩道と車道の境目には段差があります。歩道が車道よりも2cm 高くなっています。なぜ段差があるのでしょうか？

車いすを使う人やベビーカーをおす人、荷物を積んだ台車を動かす人などにとっては、段差はないほうが通行しやすいです。しかし、白杖を使って歩く人（→ 33 ページ）は、杖の先で段差にさわることで、歩道と車道の区別がつけられるのです。

段差が必要な人と必要でない人がどちらも安全に通行できるように、多くの場所で段差の高さは 2cm になっています。

↑
2 cmの段差

ここから歩道だな。

2cmならなんとか行けるな。

点字ブロックと
エスコートゾーン

エスコートゾーン　→

点字ブロック（線状ブロック）
↓

歩道にしいてある点字ブロックと横断歩道にあるエスコートゾーンがつながって、一本の道になっている。目の不自由な人をより安全にみちびくための設備だ。

アスファルトの歩道には、黄色い点字ブロックがあります。エスコートゾーンが設置してある横断歩道も、一部で見られるようになりました。
これらは何のためのものでしょうか？

点字ブロック（点状ブロック）

Q どんな場所にあるの？

A 目の不自由な人が歩くのに不安がある場所

歩道など人が歩くために整備してある道には、黄色の点字ブロックがしかれています。目の不自由な人が安全に歩けるよう誘導するためのもので、点がうき出ている「点状ブロック」と、線がうき出ている「線状ブロック」の2種類があります。

点状ブロックは、階段や交差点の手前、道が分かれるところ、バス停、駅のホームなどに設置されています。線状ブロックは、歩道や通路にそって設置されています。エスコートゾーンは、横断歩道の真ん中に設置されています。

横断歩道の音響装置付信号機（→34ページ）とともに、目の不自由な人にはかかせない設備です。

駅のホームにも点字ブロックがある。

歩道橋の階段の手前につけられている点字ブロック。

調べてみよう！ きみの身近な場所では、どんなところにあるかな？

Q なぜ、つくられたの？

A 目の不自由な人が、安心して道をたどれるようにするため

　点字ブロックは、物が見えない、また見えづらいなどの障害のある人が道を歩くために必要な設備です。目の不自由な人が町を歩くときに、足のうらで突起を感じて、安全に歩ける位置をたしかめられるように考え出されました。白杖（→ 33ページ）でも、点字ブロックやエスコートゾーンをたしかめながら進むことができます。

　横断歩道に設置されているエスコートゾーンは、目の不自由な人が横断歩道を安全にわたることができるよう、近年登場しました。広い場所を真っすぐに歩くことがむずかしい視覚障害者にとって、便利な工夫です。

考えてみよう！

点字ブロックの上に、自転車や荷物がおいてあったらどうかな？　この上で人とおしゃべりをしたり、スマホを使いながら立ちどまっていたら、どうだろう？

使いやすくするための工夫

点字ブロック

工夫❶ 点状ブロックは「警告ブロック」ともいい、1枚に縦5つ、横5つの点がうきあがっています。「注意。ストップ！」を知らせます。

工夫❷ 線状ブロックは「誘導ブロック」ともいい、4本の線の向きで、道の方向を知らせます。

工夫❸ 色は、見えづらい人にもわかりやすい黄色です。背景のタイルが明るい色の場合は、点字ブロックの黄色がとけこんで見えにくい人もいます。そのため黒や茶色でふちどることもあります。

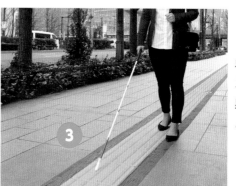

点字ブロックが見えやすいように、黒っぽい色でふちどってある（❸）。

エスコートゾーン

工夫❶ 横断歩道に合わせて、灰色と白を組み合わせた色です。黄色にすると、車道であることがわかりづらく危険なためです。

工夫❷ 丈夫で、雨や雪に強いです。突起は点字ブロックよりも小さく、たくさんの車がエスコートゾーンの上を走ってもすりへったりつぶれたりしにくい加工がしてあります。

工夫❸ エスコートゾーンの位置は、線状ブロック（誘導ブロック）の位置に合わせてあります。歩道の点字ブロックをたどって歩いてきた人がそのまま横断歩道のエスコートゾーンに出られるよう、また点字ブロックにもどることができるよう、1本の線になってつながっています。

エスコートゾーン　→

線状ブロック（誘導ブロック）　→

エスコートゾーンの突起は、たくさんの車が通ってもつぶれにくいように、点字ブロックよりも小さくつくられている（❷）。

歩道にある線状ブロック（誘導ブロック）とエスコートゾーンを、同じ位置にそろえてある。ずれていると、目の不自由な人にはわかりづらい（❸）。

視覚に障害のある
中山 利恵子さんの
お話

Q 歩道や横断歩道では、通行人にどんなことに気をつけてほしいですか？

A 周りをよく見て歩いてほしいです。

白杖を使って歩いていて人にぶつかることが、しょっちゅうあります。スマホを見ているのか、おしゃべりしているのかわかりませんが、自分が進めば相手がよけてくれると思いこんでいる人が多いようです。私たちは、見える人に見えないことを知らせるために、白と決められた杖を使っています。ぶつかることをさけるには、見える人が気づいてくれるしかありません。停めてある自転車にぶつかってたおしてしまうこともよくあります。自転車の後ろや前を点字ブロックの上にはみ出して駐輪することも、しないでほしいです。

点字ブロックの歴史

1967年、岡山県で誕生

1967（昭和42）年に、岡山市の発明家、三宅精一さんが考案したブロック230枚が、県立岡山盲学校の近くの交差点に設置されました。日本で最初、世界でも最初の点字ブロックの誕生です。

三宅さんが発明したきっかけは、道路をわたろうとした視覚障害者の前を、勢いよく車が走りぬける危険な場面を目の当たりにしたことでした。何かできないかと考えていたときに、目の不自由な友人から「くつをはいていても、足のうらの感触で地面の状態がわかる」と聞きました。三宅さんは、突起があるブロックを道路にしけば、目の不自由な人も安全に歩くことができる場所がわかるのではないかと考えたのです。

世界75の国に広がる

1970（昭和45）年、点字ブロックが大阪市の国鉄（現在のJR）阪和線我孫子町駅のホームに、駅で初めて設置されました。その後、全国の施設に広がりました。

三宅さんが点字ブロックを発明してから約30年後の2000（平成12）年、「交通バリアフリー法」が制定されました。翌年、点字ブロックはJIS規格となり、全国で色や形が統一されました。

日本で発明された点字ブロックは、今では世界75の国で使われています。

JIS規格って何？

日本でつくられる製品やサービスについて、国が定めた技術的な規格のこと。JIS規格の製品は、全国で形や大きさ、品質が統一されている。

岡山市の発明家、三宅精一さん。点字ブロックを発明して日本中に広めた。

開発当時の
点字ブロック

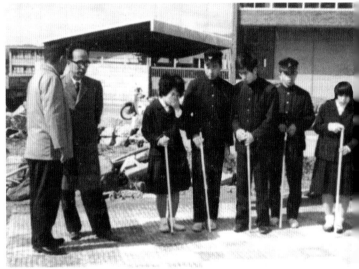

できあがった点字ブロックをためす、県立岡山盲学校の生徒たち。

点字ブロックに関する年表

西暦	できごと
1965	岡山市の発明家、三宅精一さんが点字ブロックを考案
1967	県立岡山盲学校の近くに、初めて設置される
1970	大阪の阪和線我孫子町駅のホームに設置される
1974	線状ブロックができる
2000	交通バリアフリー法ができる
2001	JIS規格となる
2010	点字ブロック発祥の地の記念碑が岡山市に完成
2012	点字ブロックの国際規格が日本のJIS規格に統一される

新しい工夫、誘導ソフトマット

　公共の建物内や、一時的に開かれるイベント会場などに、点字ブロックを新しくしきたい場合があります。そんなときに役立つ、屋内用のソフトマットが開発されました。だれでも簡単に、ゆかにはりつけて設置できます。

　エレベーターまで追加して設置すれば、目の不自由な人が自分でエレベーターまで行くことができます。足のうらや白杖で、ゴムのやわらかい感触を感じて歩きます。

視覚障害者が考案、開発した歩行誘導ソフトマット「歩導くんガイドウェイ」。表面にでこぼこがないため、車いすなどの通行もしやすく、ぬれてもすべりにくい。

緑、黄色、青、ピンクなどいろいろな色がある。

知っているかな？

白杖の役割と声かけのポイント

　白杖は、目の不自由な人が歩くためにかかせないものです。白杖には3つの役割があります。

❶障害物にぶつかるのをふせぐ

一歩先の地面を白杖でたたいたりさぐったりすることで、歩く先に障害物がないかをたしかめます。

❷周りのようすをさぐる

地面を白杖でたたいた音の反響を聞いて、今どれくらいの広さの場所にいるのかなどを確認します。

❸目が不自由であることを周りの人に教える

白杖を持っていることで、自分に視覚障害があることを周りの人に伝えます。

どうぞ、つかまってください。

白杖を持った人がとまどったり、こまっていたりするようすがあったら、「どうしましたか？」と声をかけよう。腕をひっぱるなどではなく、自分のひじか肩につかまってもらうと歩きやすい。

> # きみの住む町には、目の不自由な人が歩きやすいようにどんな工夫があるかな？
>
> ## 調べてみよう！

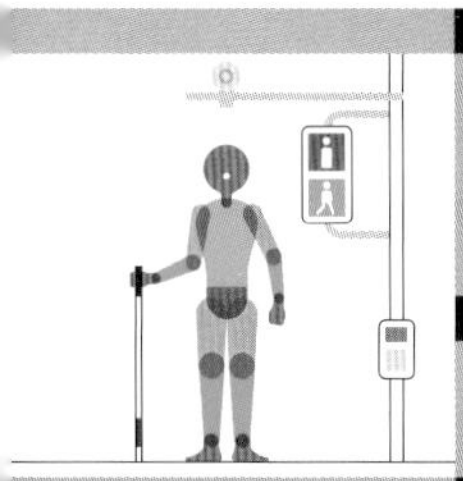

音響装置付信号機

横断歩道によっては、信号が青になると「ピヨピヨ」「カッコー」などの音がスピーカーから流れる場所があります。何のための音でしょうか？

スピーカー →

目の不自由な方 専用

△
上のスイッチにふれて
おまちください

音響装置付の信号機には、視覚障害者用の押ボタンがついていることも多い。左の写真は新しい種類の歩行者信号用押ボタン箱。ボタンに軽くふれると「信号が赤になります」などの音声案内が流れる。青信号の時間も延長される。

A 目の不自由な人が よく利用する横断歩道

音響装置付信号機は、車が行き来する道路の横断歩道に取りつけられています。市役所などの公共の建物や鉄道の駅の近く、目の不自由な人が通う特別支援学校の近く、リハビリテーションセンターなどの近くに多く設置されています。目の不自由な人は、信号機の音をふくめ、町のさまざまな音による情報、点字ブロック（→ 28 ページ）による情報などを組み合わせて町を歩きます。

東京で見られる、音響装置付信号機の押ボタン箱。

音響スピーカー付 LED 信号機が設置された交差点。装置の上に手をおくと、青信号になったらふるえて教えてくれる。青信号の時間を延長するためのボタンもある。

調べてみよう！ きみの身近な場所では、どんなところにあるかな？

Q なぜ、つくられたの？

A 音をたよりに、目の不自由な人が安全に横断歩道をわたれるように

視覚に障害のある人にとっては、わたろうとしている歩行者用横断歩道の信号が青なのか赤なのか、目で見て知るのはむずかしいことです。音や音声で今は青信号だと知らせることで、安心してわたることができるように、この装置がつくられました。この装置がない横断歩道では、車道を走る車の音などを聞いて、歩行者用信号が今青なのか赤なのかを判断するしかありません。信号機の音によって信号の色がわかることは、安全な歩行の大きな助けになります。

押ボタンをおして青信号の時間を延長する仕組みは、お年よりやけがをしている人など、横断歩道をわたるのに時間がかかる人にも便利です。

車の流れが止まった‥あれ？　青信号になっているのはどっちかな？

やってみよう！

音響装置付信号機のない歩道の前に白杖（→ 33 ページ）を持った人が立っていたら、「今、青ですよ」と教えてあげよう。安心してわたるお手伝いができるよ。

使いやすくするための工夫

横断歩道の誘導音

工夫❶ 青信号の間、スピーカーから音が出ます。

工夫❷ 音は、「カッコー」「ピヨピヨ」などの擬音式がほとんどです。たまに「とおりゃんせ」などのメロディー式もあります。

工夫❸ 「異種鳴き交わし方式※」では、方向を区別するため、横断歩道の手前と奥で、「カッコー」「カカッコー」など、ちがう音を鳴らします。そのため歩きながら、自分が進んでいる方向をたしかめることができます。

一方で、夜間は誘導音が鳴らないようにしてある交差点が多いなど、問題はまだ残っています。

カッコー

カカッコー

※異種鳴き交わし方式…横断歩道のこちら側と反対側で、ちがう音を時間をずらしてかわるがわる鳴らす方式。進むにつれて音の聞こえ方が変わるので、視覚障害者が正しい方向を確認しやすい。

音声案内を流すための押ボタン箱

工夫❶ 青色のボタンをおすと「青になりました」「信号が赤になります」など、信号の状況を伝える音声案内が流れます。英語による音声案内もできます。また、安全のために青信号の時間が延長されます。

工夫❷ 押ボタン箱には角がなく、全体に丸みを

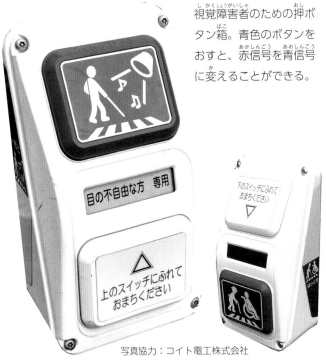

視覚障害者のための押ボタン箱。青色のボタンをおすと、赤信号を青信号に変えることができる。

目の不自由な方 専用

上のスイッチにふれておまちください

下のスイッチにふれておまちください

写真協力：コイト電工株式会社

おびています。ぶつかってもけがをしにくいデザインです。

工夫❸ 体の不自由な人など、ボタンをおしづらい人でも、軽くふれるだけでおすことができるタッチセンサー式です。センサー部分は大きくて、体のどこでもタッチしやすいよう、ななめになっています。

工夫❹ 文字ではなく、色と絵（ピクトグラム）で機能を表しています。日本語のわからない外国の人や小さな子どもにも、意味がわかります。

電柱に設置されているもののほか、歩道に立っている押ボタン箱もある。

お年よりや体の不自由な人向けの、緑色のボタンがついたものもある。おすと青信号の時間が延長されるが、音声案内はない。

音響装置付信号機を利用する

中山 利恵子さんの お話

Q 音響装置付信号機は、使いやすいですか?

A 便利です。すべての横断歩道についていたらうれしいです。

すべての信号機で24時間365日、使えたらいいと思います。今は、夜間は装置を止められてしまう信号機がほとんどで、夜の外出時はこまります。ただ、夜間に近所の人たちがうるさく感じるのは当然だと思います。必要な人に必要な情報を伝えるには、音でなくても、たとえば振動で伝えるなど、べつの方法を考えたほうがいいかもしれません。最近は、音響装置にくわえてエスコートゾーンのある横断歩道もふえてきましたが、すべての信号機に音響装置をつけるのがむずかしければ、エスコートゾーンだけでもつけてほしいです。

町に流れる「誘導用音サイン」

駅のホームや構内の天井近くにある、誘導鈴とよばれる装置。音を鳴らして、階段の位置を知らせる。

目の不自由な人がたよりにして歩く誘導の音

　駅には、鳥のさえずりや「ピン・ポーン」など、あらかじめ録音された電子音が鳴る場所があります。「誘導用音サイン」といい、目の不自由な人に場所や方向などの情報を伝え、目的地まで案内するものです。

　目の不自由な人は、店から聞こえる音や車の音、人の足音などさまざまな音のほかに、これらの音をたよりにして町を歩きます。音響装置付信号機も、誘導用音サインの工夫のひとつです。

日本で生まれたバリアフリーの工夫

　誘導用音サインは、世界でもとくに日本で取り組みが進んでいるバリアフリーの工夫です。2000（平成12）年にできた交通バリアフリー法にもとづいて、2002年、音による案内に関するガイドライン（音ガイドライン）」がつくられました。これによって、駅の改札口やトイレなどに誘導用音サインを設置することが決められました。

　2014年には、音の高さや間隔、くり返しの周期、スピーカーの向きなどが全国で統一されました。

　今、誘導用音サインは進化し、日本語の理解が十分ではない外国の人にもわかりやすいように、研究が進められています。駅で路線ごとにちがう発車合図のメロディ音を流す取り組みも、そのひとつです。

考えてみよう！

目の不自由な人や外国の人が町や駅でまよっているようだったら、どんな声かけをすれば助けになるかな？

地下鉄にある誘導用音サイン

2021（令和3）年現在、国から誘導用音サインの設置が定められている地下鉄の場所。このうち「地上出入り口」は、音環境により設置がむずかしい場所が多いため、「設置がのぞましい」とされている。

地上出入り口
ピン・ポーン

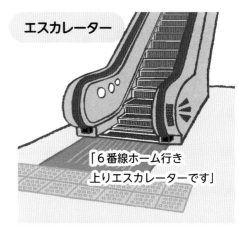

エスカレーター
「6番線ホーム行き上りエスカレーターです」

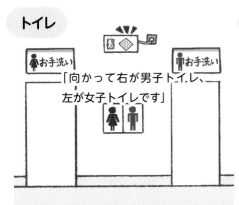

トイレ
お手洗い　お手洗い
「向かって右が男子トイレ、左が女子トイレです」

ホームの階段
出口↓
チュンチュン

改札口
ピン・ポーン

「公共交通機関の旅客施設に関する移動等円滑化整備ガイドライン バリアフリー整備ガイドライン 旅客施設編」より

知っているかな？

雪の多い地域で必要とされる誘導用音サイン

北海道など雪が多く降る場所では、目の不自由な人たちの外出には危険がともないます。歩道の点字ブロックが、雪にうもれてしまうためです。

このような場所では、音サインでの誘導がとても重要です。音響装置付信号機の音が、雪が積もった場所でどう聞こえるのかを調査し、より聞こえやすい信号機の音について、研究がおこなわれています。

写真提供：しんぶん赤旗

雪の多い地域では、車のエンジン音も雪にすいこまれて聞こえづらい。視覚障害者の外出は危険ととなり合わせだ。

きみの町では、どんなところにどんな誘導用音サインがあるかな？

調べてみよう！

さくいん

監修	川内美彦（東洋大学人間科学総合研究所客員研究員）

一級建築士、博士（工学）。頸髄損傷により19歳から車いすを使用。1989〜90年、ユニバーサル・デザインの提唱者であるロン・メイスと親交を結び、薫陶を受ける。障害のある人の社会への関わりについて、「人権」や「尊厳」の視点で分析し、平等な社会参加を権利として確立していく活動を展開している。

国語科指導	岩倉智子（梅光学院大学文学部教授）
装丁・本文デザイン	倉科明敏（T.デザイン室）
企画・編集	渡部のり子・頼本順子（小峰書店） 常松心平・鬼塚夏海（オフィス303）
イラスト	ニシハマカオリ(P5) 常永美弥(P10上、P16、P22、P27、P30、P33、P36、P39)
図版イラスト	フジサワミカ(P10下、P25、P26)
写真	平井伸造
取材協力	全国自動ドア協会、(福)日本視覚障害者団体連合、ナブテスコ(株)、三代達也、中山利恵子
写真協力	(公財)日本パラスポーツ協会、近藤秀夫、(株)札幌ドーム、(株)北海道日本ハムファイターズ、東急電鉄(株)、東京都交通局、大阪市高速電気軌道(株)、東京地下鉄(株)、(一財)安全交通試験研究センター、錦城護謨(株)、篠原電機(株)、三貴ホールディングス(株)、WHILL(株)、スズキ(株)、コイト電工(株)、アフロ、PIXTA

みんなが過ごしやすい町のバリアフリー
①町を歩く工夫

2022年 4 月 9 日　第1刷発行
2022年11月11日　第2刷発行

発行者	小峰広一郎
発行所	株式会社小峰書店
	〒162-0066 東京都新宿区市谷台町4-15
	TEL 03-3357-3521　FAX 03-3357-1027
	https://www.komineshoten.co.jp/
印刷・製本	図書印刷株式会社

© Yoshihiko Kawauchi 2022 Printed in Japan
NDC 369　40p　29 × 23cm　ISBN978-4-338-35001-3